·L.B J. 127·

LE MODÉRATEUR,

OU

CONSIDÉRATIONS

SUR

LA SITUATION ACTUELLE

DE LA FRANCE.

Est modus in rebus : sunt certi denique fines,
Quos ultra, citraque nequit consistere rectum.
Hor., Sat. 1.

Par J. B. C. MANÉHAND, Avocat.

A PARIS,

Chez Renand, Libraire, rue J.-J. Rousseau, n.° 5;
Et chez les Marchands de Nouveautés.

Durray, imprimeur, rue Ventadour, n.° 5.

Mai 1814.

APOLOGUE.

Une caravane s'achemine vers la Mecque. Egarés dans les déserts, les voyageurs délibèrent sur la route à tenir. Divers avis sont ouverts; mais personne ne voulant se rendre à celui d'autrui, on se sépare, et l'on erre, par bandes, à l'aventure. Après plusieurs jours de fatigues inutiles, un hasard heureux réunit les pélerins harassés. Tout en convenant que personne n'a trouvé la véritable route, chacun ne persiste pas moins à soutenir que la direction qu'il avait indiquée d'abord est bonne et qu'elle doit être suivie; de nouveaux débats vont entraîner une nouvelle séparation. Un vieillard paraît : il se nomme *le Bon sens.* Sa voix est faible; elle a peine à se faire entendre au milieu de cris tumultueux; on consent pourtant à l'écouter, ne fût-ce que pour se moquer de son radotage. *Ne retournez point sur vos pas,* dit-il aux uns, *vous êtes trop avancés, poursuivez votre route et imitez la nature, qui ne rétrograde jamais......;* aux autres : *vous vous di-*

rigez trop à droite, vous courez le risque d'être ensevelis dans les sables.....; à ceux-là : *si vous allez à l'opposite, craignez de tomber dans les mains des Arabes*; à tous, enfin : *ne vous quittez plus, restez unis jusqu'au terme du voyage. Ce n'est ni à droite, ni à gauche, moins encore en arrière qu'il faut vous diriger; devant vous est le chemin qui conduit à la ville sainte; suivez-le et ne vous en détournez plus au gré du caprice ou sur la foi de vaines conjectures*........ A-t-on suivi les conseils du vieillard? je l'ignore; mais il se pourrait qu'il eût raison.

LE MODÉRATEUR,

OU

CONSIDÉRATIONS

SUR

LA SITUATION ACTUELLE DE LA FRANCE.

La marche des événemens a été si rapide, les changemens qu'ils ont produits ont été si grands et si subits, que des espérances que les uns n'osaient concevoir, des craintes que les autres regardaient comme chimériques, ont été réalisées en un instant.

Peu d'hommes sont doués de cette sagacité qui fait prévoir le résultat nécessaire, mais encore éloigné, des faits actuels.

D'ailleurs, ceux dont la situation est agréable, se complaisent volontiers dans l'espoir de sa durée; et ceux qui souffrent de l'état présent des choses, sans entrevoir la possibilité d'un avenir meilleur, finissent par en perdre l'espérance et le désir.

Un changement aussi peu prévu par le plus grand nombre, a dû produire une secousse dans tous les esprits. L'un est étonné de pouvoir manifester aujourd'hui un vœu tout contraire à celui qu'il était forcé d'émettre hier; l'autre, long-temps comprimé par la terreur, est charmé de pouvoir publier avec sécurité une opinion qu'il renfermait avec soin dans son ame ou qu'il n'épanchait avec réserve que dans la plus secrète intimité. Ceux-ci, comblés d'honneurs et de richesses, étaient les soutiens et les prôneurs d'un état qui leur était favorable; ceux-là, victimes d'une tyrannie sans exemple, maudissaient en silence l'auteur de leurs maux; mais ni les uns ni les autres n'assignaient un terme, du moins aussi rapproché, à leur situation respective.

En un jour tout est changé. Une première différence a distingué d'abord l'un et l'autre ordre de choses.

Le moindre attribut de la royauté aurait appelé la mort sur la tête de celui qui eût osé le produire; dans l'autre, au contraire, l'aigle impérial se montrait avec sécurité auprès des lis, antique symbole de la royauté ; la cocarde tricolore marchait à côté de la cocarde blanche, et la décoration royale de Saint-Louis ne forçait point l'étoile napoléonienne à disparaître.

Cette circonstance peu importante en soi, peut toutefois servir à faire apprécier les deux régimes.

La tyrannie est ombrageuse : tout lui est et lui doit être suspect. Sachant combien elle excite de haines, elle redoute la manifestation extérieure des sentimens qu'elle inspire, parce que cette manifestation serait le signal de sa chute.

Un gouvernement sage et bon, établi par la volonté générale et fondé sur la justice, tolère aisément ce qui ne peut entraîner de graves inconvéniens. Il laisse à l'opinion publique cette douce liberté sans laquelle elle ne peut exister. Ce n'est pas en étouffant les cris du malade que l'on adoucit ses souffrances ; aussi le médecin habile ne s'occupe-t-il que du soin de soulager la douleur, certain que les gémissemens qu'elle excite cesseront avec elle. Ainsi, dans la crise salutaire que vient d'éprouver la nation, quoiqu'un bien-être général doive résulter de la substitution d'une monarchie tempérée à la plus oppressive tyrannie, cependant de nombreux intérêts sont froissés par le renversement de cette tyrannie. Elle anéantissait, elle détruisait le peuple, mais elle profitait à plusieurs, car nul abus ne naîtrait, nul crime ne serait commis s'il n'en résultait aucun avantage pour personne. Néron, exécré du monde entier, fut regretté par une certaine classe du peuple. Mais sans recourir à des comparaisons historiques, toujours plus ou moins applicables à des circonstances nouvelles, tournons avec calme nos regards sur la situation de la France; voyons ce qu'elle peut craindre encore, ce qu'elle a à espérer, quels sont les moyens les plus sûrs de réparer les maux qu'elle a soufferts, et de la faire jouir du repos dont elle est privée depuis si long-temps.

Après vingt-cinq années de révolutions, pendant lesquelles la nation française a été tour à tour et presque sans interruption en proie aux horreurs de l'anarchie et de la tyrannie, l'Europe long-temps victime des mêmes fureurs, se ligue contre elle, non pour la conquérir ou la détruire, mais pour la délivrer d'un joug affreux, la sauver d'une

entière destruction, et la rendre à la civilisation et au bonheur. A ce mot de révolution, je vois les esprits agités. Ceux qui en
ont été les victimes, expriment avec force la
haine qu'elle leur inspire; ceux qui y ont
pris part se croient intéressés à la défendre.

Ah! gardons-nous de rappeler le passé, il
n'est plus en notre pouvoir. Occupons-nous
de l'avenir qui s'offre à nous sous de plus
heureux auspices ; l'aurore d'un beau jour
commence à poindre : n'amoncelons pas les
nuages qui en troubleraient la sérénité.

Rechercher aujourd'hui les causes immé-
diates de la révolution, en retracer les excès,
en rappeler les crimes, ce serait réveiller les
passions, exciter de nouveaux troubles et
bannir pour jamais de la France une paix
devenue le premier des besoins.

Il ne faut pas se le dissimuler, si les crimes de la révolution n'appartiennent qu'à
quelques individus, la nation en a admis les
premiers principes, et le nombre de ceux qui
n'y ont pris aucune part est faible, relative-
ment soit à ceux qui y ont adhéré, soit à
ceux qui sont restés fidelles à la monarchie.

Ces derniers sont dignes sans doute de la

bienveillance du prince dont ils ont partagé l'exil et l'infortune, ou qui, dans l'intérieur, ont, au péril de leur vie, gardé la fidélité qu'ils lui avaient vouée ; la France leur doit aussi de la reconnaissance pour les services qu'ils n'ont cessé de rendre à celui qui n'a pas cessé d'être son roi. Mais le prince n'est pas seulement leur ami, il est celui de tous les Français ; il est le père de tous ses sujets. C'est pour le bonheur de tous que la Providence lui rend le sceptre et le le trône de saint Louis. Descendant du grand, du bon, du généreux Henri, il imitera dans sa noble conduite envers la France soumise, ce roi dont le nom semble exprimer la réunion de toutes les vertus.

Ce grand roi ne monte sur le trône qu'il était si digne d'occuper, qu'après l'avoir conquis sur toutes les factions opposées entre elles, mais réunies contre lui. Ce n'est point en poursuivant les anciens ligueurs , en punissant ceux qui avaient été ses ennemis, qu'il affermit sa puissance, qu'il donne à la France un bonheur, hélas! trop court. Il ne voit dans les Français que ses enfans, et il ne trouve en eux que des sujets fidelles. S'il tombe sous le fer d'un assassin, ce n'est

point le crime du peuple; l'histoire éterni-
sera le souvenir de la douleur publique excitée par cet horrible attentat.

Peut-être, par un enchaînement inaperçu
de causes et d'effets, l'origine de la révolution remonte-t-elle à l'assassinat du meilleur
des princes. Henri, dans la force de l'âge et
avec une santé qui promettait à la France
de longs jours de bonheur, le bon Henri,
adoré de ses sujets, est frappé au milieu
d'eux. Son sceptre tombe en des mains
inhabiles. Son fils, d'une santé débile et d'un
caractère faible, incapable de tenir les rênes
du gouvernement, les abandonne tour à
tour à une mère ambitieuse et à un prélat
audacieux; la comparaison du résultat de
chacun de ces deux règnes fera mieux apprécier les deux princes et leur gouvernement.

Henri montant sur le trône, avait trouvé
la France épuisée, dévastée par les troupes
étrangères et régnicoles, ravagée par vingt
années de troubles et de guerre civile, l'a-
griculture détruite, le commerce anéanti,
l'Etat obéré par une dette de trois cent quarante millions qui à 18 liv. le marc d'argent,
représentent un milliard de nos francs.

Henri mourant, après vingt années de

règne, laisse les peuples soulagés, les impôts diminués, les places fortifiées, les arsenaux garnis, les grands chemins réparés, les manufactures établies, toutes les dettes acquittées, et une épargne de soixante-dix millions, équivalens à deux cents de notre monnaie.

Pleurons, pleurons la fin de ce grand homme, de ce bon roi : cette fin prématurée est le commencement des malheurs de la France.

Le règne trop long de son faible successeur présente un résultat bien différent. Avec un revenu quadruple, l'Etat, à la mort de Louis XIII, est grevé d'une dette publique de vingt millions, d'une dette exigible de deux cent cinquante, d'un arriéré énorme, d'une anticipation de quatre années ; l'indignation est chez les grands, et le mécontentement dans toutes les classes du peuple. Un enfant, qui doit devenir un grand roi, s'assied sur le trône au milieu des factions ; un prêtre italien, plus avare qu'ambitieux, et pour qui le pouvoir n'est qu'un moyen de s'enrichir, épuise les finances de l'Etat pour en grossir son trésor particulier. Louis XIV règne enfin ; les arts embellissent à l'envi sa cour brillante, le génie semble naître à sa voix ; la France l'admire, mais il l'épuise. Bientôt les puissances de l'Europe unissent leurs efforts contr'elle. Alors les revers succèdent aux victoires, et ce grand roi termine sa carrière au milieu des chagrins, mais avec un noble et grand courage, et en exprimant le regret d'avoir trop aimé la guerre et trop peu ménagé son peuple.

Une dette exigible de plus d'un demi-milliard, quarante-deux millions de rentes constituées, quarante millions de gages annuels, une anticipation de deux cents millions, est pour la nation un fardeau énorme dont la régence cherche à se débarrasser.

Un système funeste offre à tous l'espoir d'une fortune chimérique ; il n'en résulte que le déplacement des fortunes particulières, et par suite l'appauvrissement général. La France respire sous le ministère pacifique du timide évêque de Fréjus ; mais il lui fait un tort irréparable en inspirant à son élève le dégoût des affaires, dont ce vieillard voulait demeurer l'arbitre jusqu'à son dernier moment.

Doué d'un sens exquis, d'un jugement droit et sain, mais insouciant et inappliqué,

Louis XV se livre aux voluptés et abandonne le soin de l'Etat à des ministres corrompus ; les principes du gouvernement sont altérés ; les parlemens, regardés comme des corps intermédiaires entre le peuple et le souverain, chargés de porter aux pieds du trône les vœux et les doléances de la nation, et de donner aux sujets l'exemple de la soumission et de l'obéissance, les parlemens sont supprimés ; les anciens impôts sont arbitrairement augmentés ; de nouveaux sont établis sans les formalités usitées ; des dépôts réputés sacrés sont violés sans qu'aucune nécessité, aucun besoin paraissent commander ces mesures extraordinaires et désastreuses.

Louis, chéri de la France, nommé d'abord *le Bien-Aimé*, fait désirer son successeur, à qui il ne laisse pour héritage qu'une dette immense à acquitter et de grands maux à réparer.

Vertueux, sensible et bon, plein d'amour pour son peuple et pour la justice, l'infortuné Louis XVI est destiné à devenir l'innocente victime de faiblesses, d'erreurs et de fautes qui n'étaient point les siennes, et qui ne pouvaient lui être imputées.

Les revenus de l'Etat, plus que doublés depuis la régence, ne suffisaient plus aux dépenses; une dette exigible de cinq cent cinquante-sept millions, une anticipation de revenu de deux cent vingt-cinq, une dette constituée de cent soixante, et enfin un déficit annuel de cinquante-six, telle est la situation financière de l'Etat en 1789, cause de cette terrible révolution qui a dévoré la France et embrasé l'Europe.

Il s'agissait seulement alors de la réforme de ces abus que le temps produit dans les institutions sociales, comme il détériore à la longue tous les ouvrages humains (*). Elle entrait sans doute dans l'ordre des destinées, et la Providence l'avait permise cette

---

(*) Le renversement du trône était en effet si éloigné du but que l'on se proposait alors, que l'on se rappelle avec quelle vénération ce peuple contemplait l'image du premier de nos Bourbons; le patriotisme n'éclatait en 1789 que par le salut respectueux qu'il offrait à la statue de Henri IV, et nos rois se souviendront toujours avec quel zèle la garde nationale parisienne s'est opposée, autant qu'il fut en elle, au progrès de l'anarchie, les 17 juillet 1791, 31 mai 1793, 20 juin, 10 août 1792 et 13 vendémiaire an 4; et l'histoire n'oubliera point le courage qu'elle

révolution, pour servir à jamais de leçon et d'exemple aux peuples et aux souverains.

L'édifice social est renversé jusque dans ses fondemens, le peuple est sans frein, la morale sans force, la loi sans autorité; l'iniquité rend la justice, le crime se pavane dans les palais, la vertu habite les cachots, l'innocence est traînée sur l'échafaud; la cruauté en délire, saturée de notre sang, s'abreuve du sien; les bourreaux, victimes de leurs propres fureurs, tombent sous *la hache de l'égalité*, et leurs cadavres achèvent de combler la fosse révolutionnaire qui se ferme enfin sur eux.

Cependant, au milieu de l'explosion de tous les crimes, on vit les sciences jeter un

---

a montré dans la mémorable journée du 30 mars. Des négocians, des hommes de loi, des artistes, des employés, des pères de famille, de jeunes élèves des sciences, quittant leurs paisibles travaux, ont été tout à coup transformés en guerriers intrépides; ils sortent des murs de la capitale, vont au-devant d'une armée formidable, résistent à de vigoureuses attaques, essuyent un feu terrible avec le sang froid de vieux soldats, et ne quittent le champ de bataille qu'après qu'une honorable capitulation a fait cesser le combat.

grand éclat, la vertu s'élever en quelque sorte au-dessus d'elle-même, au-dessus de l'humanité. Jamais les armées françaises n'avaient deployé une plus grande énergie. Que de faits héroïques l'histoire aura à retracer pendant le long cours des dernières guerres! Que de noms illustres elle devra transmettre à la postérité! Chefs et soldats, votre valeur a honoré, aux yeux de l'Europe, la France déchirée. Au prix de votre sang vous lui aviez assuré son indépendance, vous lui aviez acquis la paix. Des causes qui vous sont étrangères ont rallumé la guerre. La fatale ambition d'un seul homme l'avait perpétuée; vous en avez été les premières victimes. C'est à lui seul, à son imprévoyance, à sa prodigalité du sang humain, que vous devez d'avoir été réduits à un petit nombre de braves forcés de céder aux efforts de l'Europe réunie contre l'audacieux qui avait formé le projet insensé de l'asservir. Le fruit de tant de victoires est perdu pour toujours, mais le souvenir de votre gloire ne périra jamais.

La destruction est prompte et facile, l'édification est lente et mal aisée. On fait sur le corps social différens essais tous plus ou moins malheureux. Une *pentarchie* faible et divisée réunit les débris de la civilisation, et la France semble renaître. Mais cette troisième constitution tient de l'anarchie au milieu de laquelle elle a pris naissance. De petites intrigues agitent et divisent bientôt ces autorités précaires ; elles se renversent, se culbutent, se chassent tour à tour. Au nom de la liberté, on veut concentrer le pouvoir dans ses mains ; au nom de l'égalité, on veut l'emporter sur ses rivaux ; au nom de la république, on veut régner sur le peuple.

Le trésor national est une proie sur laquelle des vautours se précipitent pour la dévorer. Les gouvernans sont intéressés dans les entreprises ; les ministres sont fournisseurs ; les comptables des deniers publics appurent eux-mêmes leurs comptes ; le brigandage est organisé dans l'intérieur ; au dehors, des commissions spoliatrices sont établies chez les alliés ; les troupes manquent de vêtemens et de subsistances ; les salariés ne reçoivent plus de traitement. Déjà l'on éprouve de nouveaux symptômes du délire anarchique ; un emprunt forcé est établi ; la déportation de l'ancienne noblesse est proposée ; les furies révolutionnaires agitent leurs torches et leurs poignards. La France entière murmure et soupire après un changement, quel qu'il soit, pourvu qu'il la délivre d'un régime odieux qui dévore le présent et laisse l'avenir sans espoir. Alors paraît Buonaparte. Ses succès en Italie, obtenus par d'audacieuses conceptions et en prodiguant le sang des hommes, ces succès lui avaient fait une grande réputation. Avide de renommée, il avait conçu le projet gigantesque et insensé de conquérir l'Egypte. Après d'inutiles combats, il vient échouer devant St.-Jean d'Acre. Pour se soustraire à la honte d'une entière défaite, il fuit et laisse son armée à la merci du climat, des Mamelucks et des Anglais. Suivant toutes les lois militaires, il a mérité la mort; sa condamnation est prononcée par un conseil de guerre; mais il est en France, où aidé d'un frère (bientôt proscrit par lui) il chasse des représentans pusillanimes, renverse aisément un Directoire divisé et détesté, et s'empare de tous les pouvoirs. Infortuné Kléber, le coupable échappe à la punition, mais tu ne peux te soustraire à sa vengeance! Le poignard de l'assassin te frappe au Caire, lorsque le glaive de la justice ne peut l'atteindre à Paris.

C'est au *nom de la liberté* que Buonaparte

2..

crée les institutions qui doivent la détruire ; chaque acte de son gouvernement consulaire est un pas vers le despotisme. Il fait une constitution en l'an 8, la déchire en l'an 10, la détruit en l'an 12. Trois corps représentatifs avaient été créés par lui-même. Il altère leur organisation ; il expulse du Tribunat ceux qui n'obéissent point assez servilement à ses volontés ; il le réduit à un petit nombre de valets, parmi lesquels il choisit le plus inconnu pour lui offrir la couronne impériale. Un seul homme, au milieu de ces lâches, ose émettre une opinion fière et libre. Honneur à son courage! Le premier acte de Napoléon, empereur, est de se débarrasser de ceux qui ont élevé son trône, comme on renverse l'échafaudage lorsque l'édifice est élevé.

Le Corps Législatif diminué dans sa masse, restreint dans ses fonctions, réduit à une sorte de nullité, n'exerce aucune influence sur la législation. Touchés des malheurs du peuple, les députés expriment leurs doléances avec la plus respectueuse modération ; le tyran irrité étouffe la voix qui veut faire entendre les accens de la justice et de la vérité. Le Corps Législatif est indéfiniment prorogé.....

Le Sénat Conservateur détruit chaque jour l'ouvrage de la veille; courant au devant de la servitude, il affaiblit, il annulle sa propre autorité: il s'avilit enfin, au point de reconnaître que Buonaparte est la loi vivante, et que le sénat n'est que l'instrument passif des volontés du tyran, non que tous les membres de ce corps aient partagé ces sentimens de bassesse et d'esclavage; mais parce que comprimés par la terreur, ceux qui auraient pu s'élever contre l'oppression ont été réduits au silence, ou que leurs voix ont été étouffées par les cris des stentors adulateurs.

On ne retracera point ici les crimes du despote sanguinaire; l'esquisse que l'on en présenterait paraîtrait nécessairement faible et pâle auprès de l'énergique tableau qu'en vient de tracer une plume éloquente (*). Les coups qu'il a portés à la France et à l'Europe sont d'ailleurs trop récens; les plaies qu'il a faites à l'humanité sont encore trop douloureuses pour qu'il soit besoin d'en rappeler le souvenir.

(*) M. de Châteaubriant.

Au reste, Napoléon appartient à l'histoire. Il a joué un grand rôle sur la scène du monde. Né avec le génie de la domination, il s'est élevé de la poussière jusqu'au trône, il s'est allié au sang des rois. L'Europe entière a reconnu son autorité; il n'a pas moins fallu pour le renverser, que l'effort et l'union de toutes les puissances. Le souverain a disparu, mais l'homme reste; il est tombé, mais il vit, et la postérité assignera sa véritable place.

Il aura pourtant été utile aux hommes, en prouvant, par son exemple, aux individus comme aux nations, aux particuliers comme aux souverains, qu'il n'est point de bonheur ni de véritable gloire sans la modération, la sagesse et la vertu.

Sa chute du trône peut être comparée au renversement de la statue qu'il s'était lui-même érigée. La foule s'empressait pour la précipiter, mille bras s'agitaient pour la briser, et la masse résistait à leurs efforts. Assujettie par de souples liens, le cabestan la soulève, la déplace et la dépose sans secousse au pied de la colonne sur laquelle elle ne doit plus remonter.

Ainsi les gémissemens de la France, les

malédictions de l'Europe, les vœux de l'humanité appelaient en vain la fin d'une oppressive tyrannie; elle n'eût point eu de terme, et l'épuisement du sang en eût pu seul arrêter l'effusion, si les puissances ne se fussent liguées en faveur de l'humanité pour délivrer le monde de ce fléau.

L'usurpateur s'éloigne de sa capitale : elle est occupée. Les souverains n'usant de la victoire que pour le bonheur des Français, laissent à la nation le libre choix d'un gouvernement; un cri s'élève : le peuple demande un roi ; Napoléon est déchu, son aigle disparaît sans agitation et sans trouble, et les lis antiques remplacent paisiblement sur nos armoiries la foudre dont l'oiseau cruel nous menaçait.

Que les souverains alliés trouvent ici l'expression du sentiment qu'inspire à toute ame sensible leur généreuse conduite envers ce peuple par qui leurs peuples avaient été menacés !

Magnanime ALEXANDRE, qui après avoir vu vos villes détruites, votre première capitale dévastée et réduite en cendres, conservez et protégez la capitale de France ; vertueux FRANÇOIS, dont l'ame vraiment royale fait le bien général aux dépens de ses plus chères affections; digne successeur du grand Frédéric, vous, dont le pays ravagé par la guerre, épuisé par une alliance non moins funeste, n'en avez pas moins conservé la noble douceur de votre caractère; et vous, qui né français, n'avez point cessé sur les degrés d'un trône étranger, de chérir votre première patrie; chefs illustres de ces armées unies pour délivrer la France et non pour l'asservir, recevez l'hommage qui vous est dû. Que l'histoire transmette à la postérité le souvenir d'une modération dont on ne vous avait pas donné l'exemple!

L'ancienne dynastie est enfin rappelée au trône par un vœu spontané. LOUIS arrive! que son retour soit celui du bonheur! que sa présence calme les orages! qu'à sa voix la discorde s'éloigne, les haines s'éteignent, les factions disparoissent, que la révolution soit finie!.....

Ah! sans doute ce vœu de la France sera exaucé; mais il ne faut pas croire que des opinions opposées et des intérêts contraires se soient réunis dans un moment pour ne former qu'un seul faisceau, n'exprimer qu'une volonté et se diriger vers un but unique. Non, les passions ne lâchent pas prise si aisément. Voyons donc ce qui est tel qu'il est, sans nous faire illusion et sans prendre des conjectures pour des réalités ou des désirs pour des événemens.

Tout le monde veut le bien général, mais chacun le cherche dans son propre bonheur; parce qu'en effet, une nation ne se composant que d'individus, la somme des maux particuliers ne peut produire le bien général. Ne soyons donc point surpris si, après d'aussi grandes calamités, les esprits ne sont pas encore entièrement désabusés des erreurs qui les ont si long-temps séduits.

On éléverait, a-t-on dit, des autels à la peste, si la peste distribuait des bénéfices.

Buonaparte a donc dû avoir, comme il a eu, des partisans zélés; comme lui, ils survivent à sa chute. Le soldat habitué à marcher sous ses ordres, le jeune homme élevé dans ses écoles et destiné à mourir pour lui; l'ouvrier à qui, dans l'anéantissement de l'industrie, dans la suspension de tous les travaux, il donnait de l'occupation; le vulgaire, admirateur de quelques embélis-semens, de quelques monumens élevés à la vanité par le caprice ; et ceux qui, n'ayant pas été les victimes de son ambition et de sa fureur, comptent pour rien le mal qu'ils n'ont pas souffert, et pour beaucoup quelques apparentes améliorations, forment une classe nombreuse que le temps et la vérité ramèneront à la raison, mais qui exprime des regrets lorsque la nation se livre à de douces espérances.

Ceux qui, entraînés par le torrent révolutionnaire, ont pris une part plus ou moins active à ses désordres, n'ont pas vu, sans quelque crainte, tomber un des principaux excitateurs des troubles, quoiqu'il se soit montré sur le trône le plus ardent persécuteur de ceux qui avaient conservé des idées libérales (*).

―――――――――

(*) Il est encore d'autres causes qui servent à entretenir une espèce d'engouement pour cet homme vraiment extraordinaire. La génération naissante n'a pas vu nos princes français, n'a pas vécu sous leur aimable domination. L'homme d'un âge au-dessous de 35 ans, n'a qu'une connaissance historique de notre ancien gouvernement ; il n'a point

Ceux au contraire qui, long-temps tour-mentés pour leur attachement à l'ancien ordre de choses et leur fidélité à l'antique monarchie, voyant prévaloir leur opinion, regardent, trop généralement peut-être, les amis de la liberté comme les ennemis du trône; confondant les hommes et les temps, ils ne distinguent point 1789 de 1793, et assimilent à tort les amis de l'humanité aux brigands qui la désolèrent.

On a cherché sans cesse à identifier l'abus de la chose avec la chose même; ainsi, l'on a reproché à la religion les massacres

de souvenirs.... Il s'est écoulé plus d'un quart de siècle depuis le commencement de nos troubles politiques. Depuis quinze ans la jeunesse française est élevée dans une vénération superstitieuse pour Napoléon : tout ce qu'elle voyait, tout ce qu'elle entendait, n'avait que lui pour objet. La France n'apprenait que ce qu'il consentait qu'elle sut. Ce n'est pas en un moment que l'on peut changer des principes généralement reçus, des maximes incul-quées dès l'enfance, des habitudes contractées de-puis tant d'années : le temps et la sagesse peuvent seule ramener les esprits.

des albigeois et des protestans, les *auto-da-fé* de l'inquisition et l'extermination des peuples de l'Amérique, lorsque ces crimes n'étaient que les produits des passions humaines. Mais la raison ne confondra jamais les préceptes de Jésus et les maximes des inquisiteurs ; elle distinguera toujours le criminel *Alexandre VI* du vertueux *Fénélon*, et *Torquemada* brûlant des hommes, de *Vincent de Paule* arrachant à la mort les enfans abandonnés.

Ce conflit d'opinions, s'il n'est tempéré par la sagesse, peut, en se développant, devenir la source d'éternelles discordes. Etrange bizarrerie de l'esprit humain ! les guerres les plus opiniâtres sont suivies d'alliances sincères ; les ennemis les plus acharnés se réconcilient ; et les factions politiques survivent aux événemens qui les ont fait naître. Ainsi les *Guelphes* et les *Gibelins* en Italie ; les *Wighs* et les *Torris* en Angleterre, ont subsisté long-temps après que les querelles des empereurs et des papes furent terminées, après que les troubles de l'Angleterre ont été appaisés.

En imitant cette grande nation dans le retour aux principes de la monarchie, et dans le rappel du légitime souverain, étouffons ces germes de discorde qui se développèrent bientôt chez elle avec activité, y excitèrent de nouveaux troubles, et amenèrent une dernière révolution.

Après d'aussi violentes secousses, après des guerres si longues et si sanglantes, et une tyrannie sans exemple, le premier besoin du peuple est le repos. Le corps politique abattu ne peut se ranimer que dans un calme parfait, ni reprendre ses forces épuisées, que par un régime doux et réparateur.

A l'anarchie et au despotisme dont la France a été tour à tour le jouet et la victime, faisons succéder un ordre de choses également éloigné de ces dangereux extrêmes, approprié à notre nature, à notre situation, compatible avec nos mœurs et en harmonie avec les progrès des lumières et de la civilisation. Qu'une loi fondamentale établisse solidement les droits et les prérogatives du trône, en même-temps qu'elle garantira au peuple une justice impartiale, une administration paternelle, une égale et sage répartition d'impôts; que le respect des propriétés, la liberté des personnes et celle des consciences en soient les bases sacrées. Tel est le vœu général de la nation.

Cependant l'idée d'une charte constitutionnelle fixant des limites à l'autorité royale, répugne à ceux qui, ne voyant qu'un père dans un monarque, ne peuvent concevoir que des enfans déterminent à leur gré l'étendue du pouvoir paternel; et parce que plusieurs constitutions successives ont été publiées, acceptées, renversées, et que la France n'a point été heureuse sous ces lois éphémères, on a dit : *point de constitution.* « Contentons-nous de suivre les usages qui » ont fait le bonheur de la nation pendant » une longue suite de siècles. »

L'enthousiasme raisonne peu, et le motif le plus spécieux présenté avec assurance suffit pour l'exciter. Mais, lorsqu'il s'agit des destinées des empires, la sagesse écarte les illusions, cherche le bien, prévoit le mal et considère avec réflexion ce qui doit faire naître l'un, ce qui peut écarter l'autre.

Cette comparaison d'un père et d'un monarque charme le cœur, mais elle n'est juste que sous le rapport du sentiment; elle n'est vraie qu'à l'égard d'un bon prince; son amour pour ses sujets est assimilé, avec raison, à la tendresse d'un père pour ses enfans. Il n'existe, d'ailleurs, entre le chef de l'Etat et le chef de famille aucune autre espèce d'analogie. Il serait superflu d'établir ce qui constitue cette différence facile à saisir; on se bornera à dire que les devoirs respectifs du monarque et du peuple, dérivent non de la nature mais de la convention; et que, soit qu'il ait été consacré par l'usage, soit qu'il ait été fixé par une loi, le pacte social n'en existe pas moins dans toutes les sociétés politiques. La diversité même qui règne dans les pouvoirs des monarques, et dans la manière dont s'exerce leur autorité, suffit pour convaincre de cette vérité.

Au surplus, sans rechercher ici en quoi consistent les anciennes coutumes du royaume, ni ce qui résulterait de leur rétablissement (questions tout à fait oiseuses), mais en examinant quel pouvait être l'état constitutionnel de la France en 1789, on peut dire qu'excepté la succession au trône, déterminée par ordre de primogéniture, de mâle en mâle, à l'exclusion des femmes, et la réunion des trois ordres du royaume en états-généraux, toutes les institutions modifiées par la succession des temps, n'étaient que des

usages successivement introduits à des épo-
ques plus ou moins incertaines.

On se bornera à présenter un seul exemple de l'incertitude qui régnait alors dans nos
institutions; rien n'était déterminé sur le
point le plus essentiel de toute législation :
la confection et la sanction des lois.

Un édit émané de la puissance royale, ne
devenait *loi de l'Etat* qu'après avoir été *en-
registré* dans les parlemens.

Mais cet enregistrement était-il une sim-
ple transcription ou une *sanction* de la loi?
Cette question agitée tant de fois, qui a oc-
casionné tant de remontrances, provoqué
tant de lettres de jussion, fait tenir tant de
lits de justice, exiler tant de magistrats, cette
question n'était point encore résolue en
1788, lorsque les parlemens poussés dans
leurs derniers retranchemens, déclarèrent
que le droit de consentir l'impôt n'apparte-
nait qu'aux états-généraux du royaume, lé-
galement assemblés. Le roi le reconnut, et
les états-généraux furent convoqués.

Tous les partisans de l'autorité royale ne
désirent point qu'elle soit absolue et illi-
mitée, et dans l'intérêt même du monarque,
ils la veulent sagement *pondérée* (pour em-

ployer l'heureuse expression du prince qui, le premier, a reçu de la capitale les témoignages touchans de l'alégresse publique excitée par la présence d'un Bourbon); mais ils rejettent la constitution proposée, en ce qu'elle est incomplète ; que la prérogative royale n'y est ni assez développée ni assez étendue : ils se plaignent encore de ce que ceux qui ont coopéré à sa formation , se sont constitués *membres héréditaires du Sénat*, et ne laissant au roi que l'apparence d'un choix illusoire. Sans doute cette constitution se ressent de la précipitation avec laquelle elle a été conçue et rédigée; sans doute la disposition qui maintient *tous les sénateurs* actuels, et qui les rend propriétaires d'énormes revenus , à l'exclusion de leurs futurs collègues, a dû exciter des mécontentemens.

On doit toutefois considérer : 1.º qu'une constitution ne doit que fixer les bases de l'organisation sociale , sans présenter des dispositions réglementaires que des circonstances imprévues peuvent obliger de modifier ; qu'entrer dans des détails, c'est livrer une charte constitutionnelle à des interprétations dangereuses ; qu'il n'en est pas du pacte social comme d'une loi civile : une disposition de celle-ci pouvant être changée sans inconvéniens pour l'ordre public, tandis que la moindre atteinte portée à l'autre le détruit entièrement, comme la violation d'un seul article d'un traité de paix rallume la guerre entre les puissances contractantes ;

2.º Que la prérogative royale n'ayant de limites que celles posées par la constitution, elle s'étend sans réserve à tout ce qui n'est pas spécialement attribué aux corps représentatifs ; disposition plus digne de la majesté du trône qu'une vaine nomenclature d'attributions, et une détermination de pouvoirs que l'on restreint en les étendant, que l'on affaiblit en les développant.

Quant aux reproches que le Sénat a pu s'attirer en se perpétuant dans ses fonctions, et sur-tout en se conservant une riche dotation, je ne les discuterai point; mais ne devrait-on pas considérer que de puissans motifs peuvent avoir rendu ces dispositions nécessaires et en avoir déterminé l'adoption. N'écoutons pas toujours la voix des passions, et ne censurons point amèrement ce que notre position ne nous permet peut-être point de bien apprécier.

Une égale animadversion s'élève encore

contre ceux de ses membres qui n'ont pas résisté à l'oppression , ainsi que contre ceux qui l'ont favorisée. Il serait équitable pourtant de ne pas confondre les agens libres, les fauteurs volontaires du crime, avec des ames généreuses comprimées par la violence et réduites à gémir en silence sur des maux que rien alors ne pouvait empêcher. N'oublions pas que c'est le décret du Sénat qui a rendu la chute de l'usurpateur si prompte et si tranquille. A la voix du premier corps de l'Etat, le tyran est abandonné de ses soldats, les villes ouvrent leurs portes, les autorités se soumettent, le sang cesse de couler ; et croira-t-on que sans ce décret qui a relevé des sermens prêtés à Buonaparte , plusieurs n'auraient pas cru de leur devoir de garder la fidélité qu'ils lui avaient jurée? Si l'heureux événement qui en arrachant le sceptre de ses mains ensanglantées l'a replacé dans les mains pures du souverain légitime, s'est opéré sans agitation et sans secousses, n'est-ce pas à ce même décret que l'on en est redevable?

Buonaparte avait assis son autorité sur de larges et solides bases; il n'avait pas seulement acheté des agens, des affidés, des satellites ; il s'était attaché des guerriers dévoués ; il avait des partisans sincères ; et il a fallu la puissance morale du Sénat pour faire tomber en un moment et sans danger, l'arbre dont les racines profondes étendues au loin, menaçaient d'entraîner le sol dans sa chute. On dit encore que connaissant l'impossibilité de faire le bien, les sénateurs devaient se retirer plutôt que de coopérer au mal par une adhésion au moins tacite. Ah ! remercions les plutôt de n'avoir pas *entièrement désespéré du salut de l'Etat* (*).

Après la paix extérieure, le premier besoin de la nation est le repos intérieur, et le premier devoir de tout Français est d'y concourir par le sacrifice de ses souvenirs, de ses opinions, de ses ressentimens, même de ses intérêts.

Commençons donc par oublier jusqu'aux

(*) La première Assemblée nationale nous a laissé un mémorable exemple de ce que peut produire le renouvellement entier des grands corps de l'Etat. Celle qui lui succéda, peu jalouse de maintenir une constitution qui n'était point son ouvrage, s'efforça de la détruire, et n'y réussit que trop ! *Indé mali labes......*

noms par lesquels on désignait des factions éteintes ; n'employons plus les qualifications qui ne serviraient qu'à rappeler des partis qui ne doivent plus exister. Français, ne voyons dans chaque Français qu'un frère, un soutien du trône, un fidelle serviteur du roi. Qu'il ne reste de la révolution qu'un désir sincère de ne la voir jamais se reproduire ; évitons ces réactions qui excitent d'autres réactions, et ces vengeances qui appellent d'autres vengeances.

Disons franchement la vérité aux hommes de tous les partis, au risque de les mécontenter tous.

Que s'il en était encore d'assez peu formés par l'expérience pour n'être pas entièrement désabusés de la chimère républicaine, qu'ils se rappellent combien de sang et de larmes a coûté ce malheureux essai qui, en abandonnant tous les pouvoirs à la multitude, a fini par les livrer à la merci d'un seul, et par créer cette épouvantable dictature sans frein comme sans terme ; ce pouvoir monstrueux sous lequel la France devait bientôt n'être plus qu'une prison et un cimetière.

Si les forfaits de Buonaparte envers le

souverains et les nations de l'Europe n'ont pas assez frappé les yeux du vulgaire, au moins a-t-il été possible à tous de connaître et d'apprécier les résultats de son administration dévastatrice.

Venez, partisans du *grand homme*; admirez les vastes conceptions de son *incommensurable génie* ; contemplez ce qu'il a fait pour le bonheur des Français !

Le Temple , Vincennes , cent prisons d'Etat sont remplies des victimes de ses soupçons ; des commissions judiciaires et militaires envoient à la mort ceux qui le gênent ou lui déplaisent ; des exils , des bannissemens , des déportations , sont arbitrairement prononcés ; des délateurs à gages font incarcérer, au hasard, ceux qui se taisent comme ceux qui parlent. Les communes d'abord spoliées de leurs revenus, finissent par en perdre la propriété ; les hospices dépouillés du dernier patrimoine de l'infortune, ne se soutiennent que par les efforts de la charité publique, dont la générosité est bientôt convertie en une obligation rigoureuse ; les finances dilapidées par le chef de l'Etat, sont la proie de ses conseillers, de ses courtisans, de ses complices ; les fortunes particulières sont absorbées par des réquisitions arbitraires , par les plus incroyables extorsions ; les villes sont appauvries , les campagnes sont dévastées ; pour avoir des soldats , il fait fermer les manufactures : l'industrie est éteinte, le commerce est anéanti, le crédit a disparu, l'artisan n'a plus d'atelier, l'ouvrier n'a plus de travaux, le pauvre est sans pain, le malade sans secours . . . .

Ce n'est là pourtant qu'une faible esquisse de l'état où il a réduit la France (*). Et combien d'horreurs secrètes, d'infamies cachées ne découvrirait-on pas, si l'on pouvait fouiller les archives de sa triple police (**) ?

Que ceux dont cet audacieux aventurier a pu fasciner les yeux, les ouvrent enfin à la

---

(*) Buonaparte est peut-être moins coupable par le mal qu'il a fait , que par le bien qu'il pouvait faire et qu'il n'a pas fait.

(**) L'état-major de la place , pour soustraire à tous les regards la connaissance des atrocités dont il était l'agent , a , pendant la nuit du 30 au 31 mars, brûlé au pied de la statue de celui qui les avait ordonnées , tous les papiers de sa juridiction inquisitoriale.

lumière; qu'ils reconnaissent leur erreur; qu'ils la réparent en l'avouant et en unissant leurs vœux à ceux de la France délivrée.

Les victimes de la révolution présentent à leur tour le tableau des malheurs qu'elles ont essuyés, font entendre leurs plaintes et rappellent d'affligeans souvenirs. La mort de leurs parens, la ruine de leur famille, le renversement de leur fortune, la vente de leurs biens, la proscription de leurs personnes, tels ont été pour elles les tristes effets de nos discordes civiles. Elles sont à plaindre: mais que peut-il s'opérer en leur faveur? il est des maux sans remède; le temps a dû toutefois adoucir leurs plus cuisantes douleurs, calmer leurs plus vifs ressentimens, Il ne s'agirait donc plus que de leur fortune anéantie; mais pour leur rendre cette fortune qui n'est plus, pour leur restituer des biens acquis sous la foi publique, sous la garantie légale, passés déjà en cent mains différentes, divisés par les successions, employés dans les pactes et les transactions de toute nature, faudra-t-il tout changer, tout détruire, tout annuler? fera-t-on revivre des droits anéantis et oubliés? troublera-t-on la paix des campagnes, le repos des familles?

faut-il, en excitant les mécontentemens, im-
moler de nouvelles victimes, allumer de
nouveaux troubles? Non, non. Quel espoir
nous resterait-il de voir jamais renaître la
tranquillité parmi nous, si l'intérêt particulier aux prises avec l'intérêt particulier, pouvaient combattre et ensanglanter le champ
qu'ils voudraient s'arracher l'un à l'autre.
Ah ! gardons - nous d'ouvrir une source
intarissable de discussions , de haines, de
vengeances et de crimes !

Enfin, si le salut du peuple est la loi su-
prême, maintenons, au nom de cette première de toutes les lois, ce qui ne peut être
changé sans péril; et n'exposons point notre
malheureuse patrie à de nouveaux déchire-
mens.

« Mais de grands crimes ont été commis;
» il faut les venger. Des hommes se sont gor-
» gés d'or et abreuvés de sang ; il faut les
» punir. » Ce vœu émis au nom de la
justice, pourrait bien n'être que le cri de la
vengeance; et où s'arrêterait la recherche
des coupables, si elle était autorisée?

Après avoir poursuivi les actions, on s'at-
tacherait bientôt aux opinions. Les fonctions
remplies dans telle ou telle circonstance, les

emplois exercés à telle ou telle époque, seraient des taches, des fautes, des crimes peut-être. Quel homme serait innocent aux yeux de son ennemi, et quel homme n'a pas un ennemi? les proscriptions seraient sans terme comme sans mesure.

Cessons, cessons enfin de nous entre-déchirer. Abandonnons le crime aux remords, pardonnons au repentir, soyons indulgens pour l'erreur, et ensevelissons dans un éternel oubli, des torts peut-être mutuels; car dans les discordes civiles chacun croyant son parti le meilleur et sa cause la plus juste, évite difficilement l'excès qu'il reproche au parti contraire.

Mais lorsque la France déchirée par les convulsions de l'anarchie, écrasée sous le poids d'un affreux despotisme, épuisée d'or et de sang par des guerres insensées, déplorant ses fautes et ses malheurs, se jette dans les bras du monarque qui doit la rendre au bonheur, elle ne doit à ce roi, objet de ses désirs et de son amour, que le spectacle enchanteur d'une réconciliation sincère et d'une touchante union.

O Roi! qui avez souffert moins de vos propres infortunes que des malheurs de la

France ! ô Roi, notre espérance et celle de nos enfans, l'usurpateur en déversant sur nous la coupe du mal et du crime, a laissé au monarque légitime le soin de répandre celle du bien et de la vertu. Descendant de saint Louis, fils du grand Henri, nous verrons revivre en vous ces princes que nos aïeux ont adorés, et dont la mémoire sera toujours chère, toujours présente aux cœurs français. Que la Providence qui vous rend à nos vœux, nous conserve long-temps un bien si précieux ! que votre auguste famille, héritière de vos vertus, occupe éternellement un trône affermi par les secousses mêmes qui l'avaient ébranlé ! qu'elle règne à jamais sur une nation devenue plus sage par la sévère leçon du passé ! et, comme ce peuple généreux et hospitalier, cette noble Angleterre, aussi attachée à son prince qu'à ses libérales institutions, nous ne cesserons de former pour le Roi qu'elle rend aujourd'hui à notre amour, le vœu pieux qu'elle adresse chaque jour pour son monarque adoré : God save the King !.....

FIN.

www.ingramcontent.com/pod-product-compliance
Lightning Source LLC
Chambersburg PA
CBHW071524030726
47593CB00003B/1394